Hans Jürgen Heringer

Ich hab mein Sach auf nichts gestellt

Mein Goethe-Brevier

Zu diesem Buch

So ein Brevier ist ein Begleitbuch.

Sie lesen es nicht einfach so, und vor allem nicht in einem Zug.

Es dient einer Art Meditation, zumindest Ihrer Reflexion und weniger der Information.

Darum können Sie auch Stellen immer wieder lesen. Wenn Sie sie schon kennen, lassen Sie sie in sich klingen.

Natürlich sind Sie frei in Ihrer Lektüre. Sie müssen das Brevier nicht als Stundenbuch lesen.

Aber Wiederholung ist gut und manches Memorieren auch.

Hans Jürgen Heringer

Ich hab mein Sach auf nichts gestellt

Mein Goethe-Brevier

Ein Begleiter

Bibliographische Information der Deutschen Nationalbibliothek
Die Deutsche Nationalbibliothek verzeichnet diese Publikation in der Deutschen Nationalbibliographie; detaillierte bibliographische Daten sind im Internet über http://dnb.dnb.de abrufbar.

Auf der Bornau 29

56321 Brey

GERMANY

Druck und Endverarbeitung:

Books on Demand (BoD), 22848 Norderstedt

Printed in Germany

ISBN 978-3-9819884-4-4

Inhalt

1. Der Junge Goethe
Aus Gedichten
Sprüche

2. Der Reife Goethe
Aus Gedichten
Aphorismen

3. Der Weise Goethe
Aus dem Divan
Maximen

1. Der Junge Goethe

Aus Gedichten

Sprüche

Sah ein Knab ein Röslein stehn,
Röslein auf der Heiden,
War so jung und morgenschön,
Lief er schnell, es nah zu sehn,
Sah's mit vielen Freuden.
Knabe sprach: „Ich breche dich,
Röslein auf der Heiden!"
Röslein sprach: „Ich steche dich,
Dass du ewig denkst an mich,
Und ich will's nicht leiden."

Hat der alte Hexenmeister
Sich doch einmal wegbegeben!
Und nun sollen seine Geister
Auch nach meinem Willen leben.

& & &

Denn mit Göttern
Soll sich nicht messen
Irgend ein Mensch.

& & &

Ihr glücklichen Augen,
Was je ihr gesehn,
Es sei wie es wolle,
Es war doch so schön!

& & &

Geh den Weibern zart entgegen,
Du gewinnst sie auf mein Wort
Und wer rasch ist und verwegen,
Kommt vielleicht noch besser fort.

& & &

Auf Weiber stellt ich nun mein Sach.
Juchhe!
Daher mir kam viel Ungemach.
O weh!
Die Falsche sucht sich ein ander Teil,
Die Treue macht mir Langeweil:
Die Beste war nicht feil.

& & &

Auf in der holden Stunde,
Stoßt an und küsset treu,
Bei jedem neuen Bunde
Die alten wieder neu!

& & &

Ich habe geliebet, nun lieb ich erst recht!
Erst war ich der Diener, nun bin ich der Knecht.
Erst war ich der Diener von allen,
Nun fesselt mich diese scharmante Person,
Sie tut mir auch alles zur Liebe, zum Lohn,
Sie kann nur allein mir gefallen.

& & &

Ich hatte mein freundliches Liebchen gesehn,
Da dacht ich mir: Ergo bibamus.
Und nahte mich traulich,
da ließ sie mich stehn.
Ich half mir und dachte: Bibamus.

& & &

Du hast uns oft im Traum gesehen
Zusammen zum Altare gehen,
Und dich als Frau und mich als Mann.
Oft nahm ich wachend deinem Munde,
In einer unbewachten Stunde,
Soviel man Küsse nehmen kann.

& & &

Was ein weiblich Herz erfreue,
In der klein und großen Welt,
Ganz gewiss ist es das Neue,
Dessen Blüte stets gefällt.
Doch viel werter ist die Treue,
Die auch in der Früchte Zeit
Noch mit Blüten uns erfreut.

& & &

Was gehst du, schöne Nachbarin,
Im Garten so allein?
Und wenn du Haus und Felder pflegst,
Will ich dein Diener sein.

& & &

O wie freut es mich mein Liebchen,
Dass du so natürlich bist.
Unsre Mädchen unsre Bübchen
Spielen künftig auf dem Mist!

& & &

Und wenn sie liebend nach mir blickt
Und alles rund vergisst,
Und dann an meine Brust gedrückt
Und weidlich eins geküsst,
Das läuft mir durch das Rückenmark
Bis in die große Zeh!

& & &

Durch Feld und Wald zu schweifen,
Mein Liedchen wegzupfeifen,
So geht's von Ort zu Ort!
Und nach dem Takte reget
Und nach dem Maß beweget
Sich alles an mir fort.

& & &

Johann Wolfgang von Goethe

Ich ging im Walde
So für mich hin,
Und nichts zu suchen,
Das war mein Sinn.

Im Schatten sah ich
Ein Blümchen stehn,
Wie Sterne leuchtend,
Wie Äuglein schön.
Ich wollt es brechen,
Da sagt es fein:
„Soll ich zum Welken
Gebrochen sein"

& & &

Ich wollt ich wär ein Fisch,
So hurtig und frisch
Und kämst du zu anglen,
Ich würde nicht manglen.
Ich wollt ich wär ein Fisch,
So hurtig und frisch.

& & &

Ich wollt ich wär ein Pferd,
Da wär ich dir wert.
O wär ich ein Wagen,
Bequem dich zu tragen.
Ich wollt ich wär ein Pferd,
Da wär ich dir wert.

& & &

Uf 'm Bergli

Bin i gsässe,

Ha de Vögle

Zugeschaut.

Hänt gesunge,

Hänt gesprunge,

Hänt 's Nästli

Gebaut.

& & &

Und da kummt nu
Der Hansel,
Und da zeig i
Em froh,
Wie sie's mache
Und mer lache
Und mache's
Au so.

& & &

Hier sind wir versammelt zu löblichem Tun,
Drum Brüderchen! Ergo bibamus.
Die Gläser, sie klingen, Gespräche, sie ruhn,
Beherziget Ergo bibamus.

& & &

Mich ergreift, ich weiß nicht wie,

Himmlisches Behagen.

Will mich's etwa gar hinauf

Zu den Sternen tragen.

Doch ich bleibe lieber hier,

Kann ich redlich sagen,

Beim Gesang und Glase Wein

Auf den Tisch zu schlagen.

& & &

Viele Gäste wünsch ich heut

Mir zu meinem Tische!

Speisen sind genug bereit,

Vögel, Wild und Fische.

Eingeladen sind sie ja,

Haben's angenommen.

Hänschen, geh und sieh dich um!

Sieh mir, ob sie kommen!

Ich hab mein Sach auf Nichts gestellt.

Juchhe!

Drum ist's so wohl mir in der Welt.

Juchhe!

Und wer will mein Kamerade sein,

Der stoße mit an, der stimme mit ein

Bei dieser Neige Wein.

& & &

Ich stellt mein Sach auf Geld und Gut.

Juchhe!

Darüber verlor ich Freud und Mut.

O weh!

Die Münze rollte hier und dort,

Und hascht ich sie an einem Ort,

Am andern war sie fort.

& & &

Nun hab ich mein Sach auf Nichts gestellt.
Juchhe!
Und mein gehört die ganze Welt.
Juchhe!
Zu Ende geht nun Sang und Schmaus.
Nur trinkt mir alle Neigen aus.
Die letzte muss heraus!

& & &

Die Heil'gen Drei König mit ihrem Stern,
Sie essen, sie trinken und bezahlen nicht gern.
Sie essen gern, sie trinken gern,
Sie essen, trinken und bezahlen nicht gern.

& & &

Erkennst du mich, die ich in manche Wunde
Des Lebens dir den reinsten Balsam goss?
Du kennst mich wohl, an die zu ew'gem Bunde
Dein strebend Herz sich fest und fester schloss.

& & &

Geh! gehorche meinen Winken,
Nutze deine jungen Tage,
Lerne zeitig klüger sein:
Auf des Glückes großer Waage
Steht die Zunge selten ein.

Du musst steigen oder sinken,
Du musst herrschen und gewinnen
Oder dienen und verlieren,
Leiden oder triumphieren,
Ambos oder Hammer sein.

& & &

Hab oft einen dampfen düstern Sinn,
Ein gar so schweres Blut!
Wenn ich bei meiner Christel bin,
Ist alles wieder gut.
Ist eine, die so lieben Mund,
Liebrunde Wänglein hat.
Ach und es ist noch etwas rund,
Da sieht kein Aug sich satt!

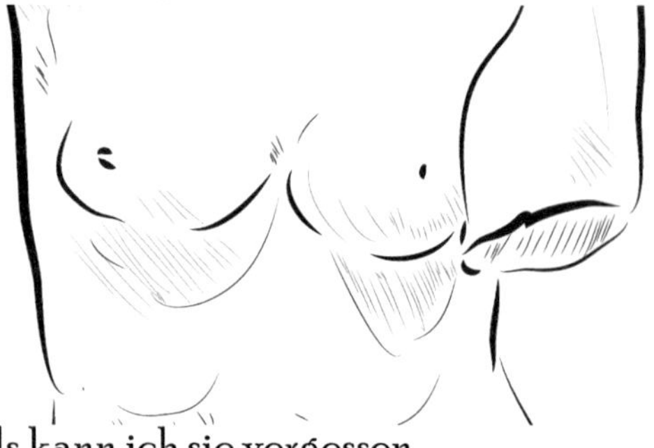

Nirgends kann ich sie vergessen
Und doch kann ich ruhig essen,
Heiter ist mein Geist und frei
Und unmerkliche Betörung
Macht die Liebe zur Verehrung,
Die Begier zur Schwärmerei.

& & &

So glühet fröhlich heute,

Seid recht von Herzen eins!

Auf trinkt erneuter Freude

Dies Glas des echten Weins!

Das alte Fass ist ausgetrunken

Der Himmel steckt ein neues an.

Wie mancher ist vom Stuhl gesunken,

Der nun nicht mit uns trinken kann.

& & &

Mancher liebliche Genuss.

Doch das größte Glück im Leben

Und der reichlichste Gewinn

Ist ein guter leichter Sinn.

& & &

Was ich irrte, was ich strebte,
Was ich litt und was ich lebte,
Sind hier Blumen nur im Strauß
Und das Alter wie die Jugend,
Und der Fehler wie die Tugend
Nimmt sich gut in Liedern aus.

& & &

2. Der Reife Goethe

Aus Gedichten

Aphorismen

Ein Veilchen auf der Wiese stand,
Gebückt in sich und unbekannt,
Es war ein herzigs Veilchen.
Da kam eine junge Schäferin,
Mit leichtem Schritt und munterm Sinn,
Daher, daher,
Die Wiese her und sang.

Ach! denkt das Veilchen, wär ich nur
Die schönste Blume der Natur,
Ach, nur ein kleines Weilchen,
Bis mich das Liebchen abgepflückt
Und an dem Busen matt gedrückt!

Ach! aber ach! das Mädchen kam
Und nicht in acht das Veilchen nahm,
Es trat das arme Veilchen.
Es sank und starb und freut sich noch:
„Und sterb ich denn, so sterb ich doch
Durch sie, durch sie,
Zu ihren Füßen doch."

Du kannst zwar heut
Und manche Zeit
Dem Feinde viel erlauben.
Die Flamme reinigt sich vom Rauch:
So reinig unsern Glauben!
Verteilt euch wackre Männer hier
Durch dieses ganze Waldrevier,
Und wachet hier im Stillen,
Wenn sie die Pflicht erfüllen.

& & &

Dummes Zeug kann man viel reden,
Kann es auch schreiben.
Wird weder Leib noch Seele töten.
Es wird alles beim Alten bleiben.
Dummes aber vors Auge gestellt
Hat ein magisches Recht.
Weil es die Sinne gefesselt hält,
bleibt der Geist ein Knecht.

& & &

Zwar weiß ich viel, doch möcht ich alles wissen.

& & &

Es irrt der Mensch, solang er strebt.

& & &

Es schlug mein Herz. Geschwind zu Pferde!
Und fort wild wie ein Held zur Schlacht.
Der Abend wiegte schon die Erde,
Und an den Bergen hing die Nacht.

& & &

Es war ein König in Thule
Gar treu bis an das Grab,
Dem sterbend seine Buhle
Einen goldnen Becher gab.
Es ging ihm nichts darüber,
Er leert ihn jeden Schmaus,
Die Augen gingen ihm über,
Sooft er trank daraus.

& & &

Gedichte sind gemalte Fensterscheiben!
Sieht man vom Markt in die Kirche hinein,
Da ist alles dunkel und düster,
Und so siehts auch der Herr Philister:
Der mag denn wohl verdrießlich sein
Und lebenslang verdrießlich bleiben.

Kommt aber nur einmal herein,
Begrüßt die heilige Kapelle.
Da ists auf einmal farbig helle,
Geschicht und Zierat glänzt in Schnelle,
Bedeutend wirkt ein edler Schein.

& & &

Gegrüßet seid mir edle Herrn,

Gegrüßt ihr schöne Damen!

Welch reicher Himmel! Stern bei Stern!

Wer kennet ihre Namen?

& & &

Ich singe wie der Vogel singt,

Der in den Zweigen wohnet.

Das Lied das aus der Kehle dringt,

Ist Lohn der reichlich lohnet.

& & &

Wonniglich ists die Geliebte verlangend im Arme zu halten,

Wenn ihr klopfendes Herz Liebe zuerst dir gesteht.

Wonniglicher das Pochen des Neulebendigen fühlen,

Das in dem lieblichen Schoß immer sich nährend bewegt.

& & &

Da steh ich nun ich armer Tor und bin so klug als wie zuvor.

Werd ich zum Augenblicke sagen: Verweile doch! Du bist so schön!

& & &

Wer bescheiden ist muss dulden,
Und wer frech ist der muss leiden.

Also wirst du gleich verschulden,
Ob du frech seist ob bescheiden.

& & &

Gefühl ist alles. Name ist Schall und Rauch.

& & &

Alles ist einfacher als man denken kann und zugleich verschränkter als zu begreifen ist.

& & &

Alles Vergängliche

ist nur ein Gleichnis.

Das Unzulängliche,

hier wirds Ereignis.

Das Unbeschreibliche,

hier ists getan,

das Ewigweibliche

zieht uns hinan.

& & &

Denn Beschränkung ist überall unser Los.

Der Mensch ist ein beschränktes Wesen unsere Beschränkung zu überdenken ist der Sonntag gewidmet.

& & &

Der Scharfsinn verlässt geistreiche Männer am wenigsten, wenn sie unrecht haben.

& & &

Je näher wir der Natur sind, desto näher fühlen wir uns der Gottheit.

& & &

Die Hoffnung hilft uns leben.

& & &

Auch aus Steinen, die einem in den Weg gelegt werden, kann man Schönes bauen.

& & &

Es ist nicht genug zu wissen – man muss auch anwenden.

Es ist nicht genug zu wollen – man muss auch tun.

& & &

Ich kehre in mich selbst zurück und finde eine Welt!

& & &

Fast alles ist leichter begonnen als beendet.

& & &

Man kann auf dem rechten Weg irren und auf dem falschen recht gehen.

& & &

Ich habe mich so lange ums Allgemeine bemüht, bis ich einsehen lernte, was vorzügliche Menschen im Besondern leisten.

& & &

Ich hasse die Leute, die für nichts Bewunderung empfinden.

Ich habe Zeit meines Lebens immer alles bewundert.

& & &

Und so gewohnt, für andere zu leben,

schien Mühe nur ihm Fröhlichkeit zu geben.

& & &

Jeder Zustand hat seine Beschwerlichkeit, der beschränkte sowohl als der losgebundene.

& & &

Mir kommt kein Besitz ganz rechtmäßig ganz rein vor. als der dem Staate seinen schuldigen Teil abträgt.

& & &

Niemand versteht zur rechten Zeit!
Wenn man zur rechten Zeit verstünde,
so wäre die Wahrheit nah und breit
und wäre lieblich und gelinde.

& & &

Niemand weiß, wie lang er es hat, was er ruhig besitzet.

& & &

Sich auf ein Handwerk zu beschränken, ist das Beste.

& & &

Um einen Gegenstand ganz zu besitzen, zu beherrschen, muss man ihn um seiner selbst willen studieren.

Mahomet

Feld. Gestirnter Himmel.

Mahomet allein.

Teilen kann ich euch nicht dieses Seelen

Um zu begreifen, dass der Himmel überall blau ist, braucht man nicht um die Welt zu reisen.

& & &

Deutschland,

aber wo liegt es?

Ich weiß das Land nicht zu finden,

Wo das gelehrte beginnt, hört das politische auf.

& & &

Was das entsetzlichste sei von allen entsetzlichen Dingen?

Ein Pedant, den es jückt, locker und lose zu sein.

& & &

Unschuldige Liebe erfreut die Gottheit,
statt sie zu beleidigen.

& & &

Willst du dich am Ganzen erquicken,
so musst du das Ganze im Kleinen erblicken.
Willst du ins Unendliche schreiten,
Geh nur im Endlichen nach allen Seiten.

& & &

Wo viel Licht ist, ist starker Schatten.

& & &

Wir erschrecken über unsere eigenen Sünden, wenn wir sie an anderen erblicken.

& & &

Ich kann niemandem verdenken, dass er sich für seinen eigenen Nächsten hält.

& & &

Wo wir trinken, wo wir lieben, da ist reiche freie Welt.

& & &

Die Sorge geziemt dem Alter, damit die Jugend eine zeitlang sorglos sein könne.

& & &

Die geistlichen Herren haben immer die schmackhaftesten, die süßesten Besitztümer.

& & &

Einer, das höret man wohl, spricht nach dem andern,

doch keiner mit dem andern.

Wer nennt zwei Monologen Gespräch?

& & &

Ich kann sie kaum erwarten,
Die erste Blum im Garten,
Die erste Blüt am Baum.
Sie grüßen meine Lieder,
Und kommt der Winter wieder,
Sing ich noch jenen Traum.

& & &

Ich glaube, der Mensch träumt nur, damit er nicht aufhöre zu sehen.

& & &

Mit dem Wissen wächst der Zweifel.

& & &

Sich in seiner Beschränktheit gefallen, ist ein elender Zustand, in Gegenwart des Besten seine Beschränktheit fühlen, ist freilich ängstlich, aber …

& & &

Man muss immerfort verändern, erneuern, verjüngen, um nicht zu verstocken.

& & &

Und solang du das nicht hast,
dieses Stirb und Werde,
bist du ein trüber Gast,
auf der dunklen Erde.

& & &

Willst du nach den Früchten greifen,
Eilig nimm dein Teil davon!
Diese fangen an zu reifen,
Und die andern keimen schon.

& & &

Was man nicht versteht, besitzt man nicht.

& & &

Wahrheit sag ich euch, Wahrheit und immer
Wahrheit, versteht sich:
Meine Wahrheit,
denn sonst ist mir auch keine bekannt.

& & &

Wenn dirs in Kopf und Herzen schwirrt,
Was willst du Bessres haben!
Wer nicht mehr liebt und nicht mehr irrt,
Der lasse sich begraben!

& & &

Glücklich, den ein leerer Traum beschäftigt!
Glücklich, dem die Ahndung eitel wär!
Jede Gegenwart und jeder Blick bekräftigt
Traum und Ahndung leider uns noch mehr.

& & &

Wer das Geld bringt, kann die Ware nach seinem Sinn verlangen.

& & &

Nur durch Eifersucht auf den Besitz erhält man die Besitztümer.

& & &

3. Der Weise Goethe

Aus dem Divan

Maximen

Behandelt die Frauen mit Nachsicht!
Aus krummer Rippe ward sie erschaffen,
Gott konnte sie nicht ganz grade machen.
Willst du sie biegen, sie bricht.

& & &

Frauen sollen nichts verlieren,
Reiner Treue ziemt zu hoffen.
Doch wir wissen nur von vieren,
Die alldort schon eingetroffen.

& & &

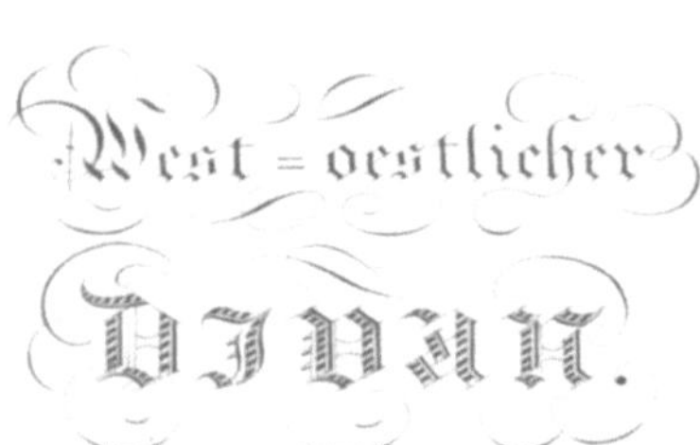

Ein Herre mit zwei Gesind,
Er wird nicht wohl gepflegt.
Ein Haus, worin zwey Weiber sind,
Es wird nicht rein gefegt.

& & &

Kaum, dass ich dich wieder habe,
Dich mit Kuss und Liedern labe,
Bist du still in dich gekehret.
Was beengt? Und drückt? Und störet?

& & &

Lieb um Liebe, Stund um Stunde,
Wort um Wort und Blick um Blick,
Kuss um Kuss vom treusten Munde,
Hauch um Hauch und Glück um Glück.

& & &

Nimmer will ich dich verlieren!
Liebe gibt der Liebe Kraft.
Magst du meine Jugend zieren
Mit gewaltiger Leidenschaft.

& & &

Nur dies Herz, es ist von Dauer,
Schwillt in jugendlichstem Flor.
Unter Schnee und Nebelschauer
Rast ein Ätna dir hervor.

Vieles wird sich da und hie
Uns entgegen stellen.
In der Liebe mag man nie
Helfer und Gesellen.

& & &

Was verkürzt mir die Zeit?
Tätigkeit!
Was macht sie unerträglich lang?
Müßiggang!

& & &

Wenn du auf dem Guten ruhst,
Nimmer werd ich's tadeln,
Wenn du gar das Gute tust,
Sieh, das soll dich adeln

& & &

Wie kommt's, dass man an jedem Orte
So viel Gutes, so viel Dummes hört?
Die Jüngsten wiederholen der Ältesten Worte,
Und glauben, dass es ihnen angehört.

& & &

Denn die Menschen, sie sind gut,
Würden besser bleiben,
Sollte nicht, wie's einer tut,
Auch der andre treiben.

& & &

Und so werdet ihr vernehmen,
Dass der Mensch mit sich zufrieden,
Gern sein Ich gerettet sähe,
So da droben wie hienieden.

& & &

Vom heut'gen Tag, von heut'ger Nacht
Verlange nichts,
Als was die gestrigen gebracht.

& & &

Dümmer ist nichts zu ertragen,
Als wenn Dumme sagen den Weisen:
Dass sie sich in großen Tagen
Sollten bescheidentlich erweisen.

& & &

Einen Helden mit Lust preisen und nennen
Wird jeder, der selbst als kühner stritt.
Des Menschen Wert kann niemand erkennen,
Der nicht selbst Hitze und Kälte litt.

& & &

Nicht Gelegenheit macht Diebe,
Sie ist selbst der grösste Dieb.
Denn sie stahl den Rest der Liebe,
Die mir noch im Herzen blieb.

& & &

Ihr nennt mich einen kargen Mann,
Gebt mir, was ich verprassen kann.
Soll ich dir die Gegend zeigen,
Musst du erst das Dach besteigen.

& & &

Jedes Leben sei zu führen,
Wenn man sich nicht selbst vermisst,
Alles könne man verlieren,
Wenn man bliebe, was man ist.

& & &

Lass dich nur in keiner Zeit
Zum Widerspruch verleiten,
Weise fallen in Unwissenheit,
Wenn sie mit Unwissenden streiten.

& & &

Lasst mich nur auf meinem Sattel gelten!
Bleibt in euren Hütten euren Zelten!
Und ich reite froh in alle Ferne,
Über meiner Mütze nur die Sterne.

& & &

Wenn des Dichters Mühle geht,
Halte sie nicht ein:
Denn, wer einmal uns versteht,
Wird uns auch verzeihn.

& & &

Oft sitz ich heiter in der Schenke
Und heiter im beschränkten Haus,
Allein, so bald ich dein gedenke,
Dehnt sich mein Geist erobernd aus.

& & &

Schenke her! Noch eine Flasche!
Diesen Becher bring ich ihr!
Findet sie ein Häufchen Asche,
Sagt sie: Der verbrannte mir.

& & &

Scherze nicht! Nichts von Verarmen!
Macht uns nicht die Liebe reich?
Halt ich dich in meinen Armen,
Jedem Glück ist meines gleich.

& & &

Sitz ich allein,
Wo kann ich besser sein?
Meinen Wein
Trink ich allein,
Niemand setzt mir Schranken,
Ich hab so meine eigne Gedanken.

& & &

Soll ich von Smaragden reden,
Die dein Finger niedlich zeigt?
Manchmal ist ein Wort vonnöten,
Oft ist's besser, dass man schweigt.

& & &

Trunken müssen wir alle sein!
Jugend ist Trunkenheit ohne Wein.
Trinkt sich das Alter wieder zu Jugend,
So ist es wundervolle Tugend.

& & &

Wenn man nicht trinken kann,
Soll man nicht lieben.
Doch sollt ihr Trinker euch
Nicht besser dünken,
Wenn man nicht lieben kann,
Soll man nicht trinken.

& & &

Im Genusse zu durchschreiten,
Wo das Schöne, stets das Neue,
Immer wächst nach allen Seiten,
Dass die Unzahl sich erfreue.

& & &

Gottes ist der Orient!
Gottes ist der Okzident!
Nord- und südliches Gelände
Ruht im Frieden seiner Hände.

& & &

Wer das Dichten will verstehen,
Muss ins Land der Dichtung gehen.
Wer den Dichter will verstehen,
Muss in Dichters Lande gehen.

& & &

Ach! Wie schmeichelt's meinem Triebe,
Wenn man meinen Dichter preist:
Denn das Leben ist die Liebe,
Und des Lebens Leben Geist.

& & &

Am schwersten zu bergen ist ein Gedicht,
Man stellt es untern Scheffel nicht.
Hat es der Dichter frisch gesungen,
So ist er ganz davon durchdrungen.

& & &

Auf dem Weg da ists ein Wort,
Niemand wird's verdammen:
Wollen wir an Einen Ort,
Nun! wir gehn zusammen.

& & &

Glaubst du denn von Mund zu Ohr
Sei ein redlicher Gewinnst?
Überliefrung o! du Tor!
Ist auch wohl ein Hirngespinst.

& & &

Höre den Rat, den die Leier tönt.
Doch er nutzet nur, wenn du fähig bist.
Das glücklichste Wort, es wird verhöhnt,
Wenn der Hörer ein Schiefohr ist.

& & &

Geld und Ehre hätte man
Gern allein zur Spende.
Und der Wein, der treue Mann,
Der entzweit am Ende.

& & &

Getretner Quark
Wird breit, nicht stark.
Schlägst du ihn aber mit Gewalt
In feste Form, er nimmt Gestalt.

& & &

Im Atemholen sind zweierlei Gnaden:
Die Luft einziehn, sich ihrer entladen.
Jenes bedrängt, dieses erfrischt,
So wunderbar ist das Leben gemischt.

& & &

Wer nicht von dreitausend Jahren
Sich weiß Rechenschaft zu geben,
Bleib im Dunkeln unerfahren,
Mag von Tag zu Tage leben.

& & &

Die Sonne kommt! Ein Prachterscheinen!
Der Sichelmond umklammert sie.
Wer konnte solch ein Paar vereinen?
Dies Rätsel wie erklärt sich's? Wie?

& & &

Hab ich euch denn je geraten,
Wie ihr Kriege führen solltet?
Schalt ich euch nach euren Taten,
Wenn ihr Friede schließen wolltet?

& & &

Ich gedachte in der Nacht,
Dass ich den Mond sähe im Schlaf.
Als ich aber erwachte,
Ging unvermutet die Sonne auf.

& & &

Was bringt in Schulden?
Harren und Dulden!
Was macht Gewinnen?
Nicht lange besinnen!

& & &

Was bringt zu Ehren?
Sich wehren!

& & &

Was klagst du über Feinde?
Sollten solche je werden Freunde,
Denen das Wesen wie du bist,
Im Stillen ein ewiger Vorwurf ist.

& & &

Was schmückst du die eine Hand denn nun
Weit mehr als ihr gebührte.
Was sollte denn die linke tun,
Wenn sie die rechte nicht zierte?

& & &

Alles Lebendige bildet eine Atmosphäre um sich her.

& & &

Das unheilbare Übel religioser Streitigkeiten besteht darin, dass der eine Teil auf Märchen und leere Worte das höchste Interesse der Menschheit zurückführen, will der andere aber es da zu begründen denkt.

& & &

Alles ,was entsteht, sucht sich Raum und will Dauer, deswegen verdrängt es ein anderes vom Platz und verkürzt seine Dauer.
Natur hat zu nichts gesetzmäßige Fähigkeit, was sie nicht gelegentlich ausführte und zutage brächte.

& & &

Die empirisch-sittliche Welt besteht größtenteils nur aus bösem Willen und Neid.

Was aber ist deine Pflicht?

Die Forderung des Tages.

& & &

Die Erscheinung ist vom Beobachter nicht losgelöst, vielmehr in die Individualität desselben verschlungen und verwickelt.

Es ist daher das Beste, wenn wir bei Beobachtungen so viel als möglich uns der Gegenstände, und beim Denken darüber so viel als möglich uns unser selbst bewusst sind.

& & &

Es sind zwei Gefühle die schwersten zu überwinden: Gefunden zu haben, was schon gefunden ist, und nicht gefunden zu sehen, was man hätte finden sollen.

Alles Gescheite ist schon gedacht worden,
man muss nur versuchen,
es noch einmal zu denken.

& & &

Wenn ein paar Menschen recht miteinander zufrieden sind, kann man meistens versichert sein, dass sie sich irren.

Man wird nie betrogen,
man betrügt sich selbst.

& & &

Es ist mit den Jahren wie mit den Sibyllinischen Büchern: Je mehr man ihrer verbrennt, desto teurer werden sie.

& & &

Wenn die Jugend ein Fehler ist,
so legt man ihn sehr bald ab.

& & &

Es ist nichts furchtbarer anzuschauen als grenzenlose Tätigkeit ohne Fundament.

Glücklich diejenigen, die im Praktischen gegründet sind und sich zu gründen wissen!

& & &

Toren und gescheite Leute sind gleich unschädlich. Nur die Halbnarren und Halbweisen, das sind die Gefährlichsten.

Man sagt: Eitles Eigenlob stinket. Das mag sein. Was aber fremder und ungerechter Tadel für einen Geruch, habe dafür hat das Publikum keine Nase.

& & &

Wenn man alt ist, muss man mehr tun, als da man jung war.

Das kleinste Haar wirft seinen Schatten.

& & &

Wie soll nun aber ein junger Mann für sich selbst dahin gelangen, dasjenige für tadelnswert und schädlich anzusehen, was jedermann treibt billigt und fördert?

Warum soll er sich nicht und sein Naturell auch dahin gehen lassen?

& & &

Das Allgemeine und Besondere fallen zusammen: Das Besondere ist das Allgemeine unter verschiedenen Bedingungen erscheinend.

Die Konstanz der Phänomene ist allein bedeutend, was wir dabei denken ist ganz einerlei.

& & &

Das Erste und Letzte, was vom Genie gefordert wird, ist Wahrheitsliebe.

& & &

Es gibt nichts Gemeines, was fratzenhaft ausgedrückt, nicht humoristisch aussähe.

& & &

Das Fürchterlichste ist, wenn platte unfähige Menschen zu Phantasten sich gesellen.

Gewissen Geistern muss man ihre Idiotismen lassen. Eigentümlichkeit ruft Eigentümlichkeit hervor.

& & &

Der schlimmste Neidhart in dieser Welt –
Der jeden für seinesgleichen hält.

& & &

Denn wenn wir uns dem Altertum gegenüber stellen und es ernstlich in der Absicht anschauen, uns daran zu bilden, so gewinnen wir die Empfindung, als ob wir erst eigentlich zu Menschen würden.
Sich den Objekten in der Breite gleichstellen heißt lernen, die Objekte in ihrer Tiefe auffassen, heißt erfinden.

& & &

Der Konflikt des Individuums mit der unmittelbaren Erfahrung und der mittelbaren Überlieferung ist eigentlich die Geschichte der Wissenschaften.

Mit Gedanken, die nicht aus der tätigen Natur entsprungen sind und nicht wieder aufs tätige Leben wohltätig hinwirken, ist der Welt wenig geholfen.

& & &

Der Rhythmus hat etwas Zauberisches, sogar macht er uns glauben, das Erhabene gehöre uns an.

Das Talent entwickelt im Praktischen alles und braucht von den theoretischen Einzelheiten nicht Notiz zu nehmen.

& & &

Es ist weit eher möglich, sich in den Zustand eines Gehirns zu versetzen, das im entschiedensten Irrtum befangen, ist als eines das Halbwahrheiten sich vorspiegelt.

Zuerst belehre man sich selbst, dann wird man Belehrung von andern empfangen.

& & &

Fehler der Dilettanten: Phantasie und Technik unmittelbar verbinden zu wollen.

& & &

Die Technik im Bündnis mit dem Abgeschmackten ist die fürchterlichste Feindin der Kunst.

& & &

Einen gerüsteten auf die Defensive berechneten Zustand kann kein Staat aushalten.

In den Zeitungen ist alles Offizielle geschraubt das übrige platt.

& & &

Gewisse Tugenden gehören der Zeit an, und so auch gewisse Mängel, die einen Bezug auf sie haben.

Es ist etwas unbekanntes Gesetzliches im Objekt, welches dem unbekannten Gesetzlichen im Subjekt entspricht.

& & &

Gleiche oder wenigstens ähnliche Wirkungen werden auf verschiedene Weise durch Naturkräfte hervorgebracht.

Der Mensch an sich selbst, insofern er sich seiner gesunden Sinne bedient, ist der größte und genaueste physikalische Apparat, den es geben kann.

& & &

Gegen die Kritik kann man sich weder schützen noch wehren, man muss ihr zum Trutz handeln und das läs sie sich nach und nach gefallen.

& & &

Man muss sein Glaubensbekenntnis von Zeit zu Zeit wiederholen, aussprechen, was man billigt, was man verdammt.

& & &

Man kann niemand lieben, als dessen Gegenwart man sicher ist, wenn man sein bedarf.

Der liebt nicht, der die Fehler des Geliebten nicht für Tugenden hält.

& & &

Nur ein Vater neidet seinem Sohn nicht das Talent.

Der mittelmäßigste Roman ist immer noch besser als die mittelmäßigen Leser.

& & &

Ich höre das ganze Jahr jedermann anders reden, als ich's meine, warum sollt ich denn auch nicht einmal sagen, wie ich gesinnt bin?

& & &

Das Erlebte weiß jeder zu schätzen, am meisten der Denkende und Nachsinnende im Alter, er fühlt mit Zuversicht und Behaglichkeit, dass ihm das niemand rauben kann.

& & &

Unser ganzes Kunststück besteht darin, dass wir unsere Existenz aufgeben, um zu existieren.

In der Idee leben heißt das Unmögliche behandeln, als wenn es möglich wäre.

& & &

Wenn ihr sagt: Wir machen es so, da hat kein Mensch was dagegen. Sagt ihr aber: Ihr sollt's auch so machen, da kommt ihr um vieles zu spät.

& & &

Der echte Schüler lernt aus dem Bekannten das Unbekannte entwickeln und nähert sich dem Meister.

Wer keine Liebe fühlt, muss schmeicheln lernen, sonst kommt er nicht aus.

& & &

Die Arbeit macht den Gesellen.

Wir sind nie entfernter von unsern Wünschen, als wenn wir uns einbilden, das Gewünschte zu besitzen.

& & &

Die neuere Zeit schätzt sich selbst zu hoch wegen der großen Masse Stoffes, den sie umfasst.

Der Hauptvorzug des Menschen beruht aber nur darauf, inwiefern er den Stoff zu behandeln und zu beherrschen weiß.

& & &

Deutlichkeit ist eine gehörige Verteilung von Licht und Schatten.

Was ist denn das Erfinden? Es ist der Abschluss des Gesuchten.

& & &

Eine Chronik schreibt nur derjenige, dem die Gegenwart wichtig ist.

Den einzelnen Verkehrtheiten des Tags sollte man immer nur große weltgeschichtliche Massen entgegensetzen.

& & &

Eine jede Idee tritt als ein fremder Gast in die Erscheinung und, wie sie sich zu realisieren beginnt, ist sie kaum von Phantasie und Phantasterei zu unterscheiden.

Jeder, der eine Zeitlang auf dem redlichen Forschen verharrt, muss seine Methode irgendeinmal umändern.

& & &

Die Wirksamkeiten, auf die wir achten müssen, sind: vorbereitende, begleitende, mitwirkende, nachhelfende, verstärkende, hindernde, nachwirkende.

Wer hätte mit mir Geduld haben sollen, wenn ich's nicht gehabt hätte.

& & &

Setze den Stein nach der Richtschnur,
nicht die Richtschnur nach dem Stein.

Es sind immer nur unsere Augen, unsere Vorstellungsarten, die Natur weiß ganz allein, was sie will, was sie gewollt hat.

& & &

Wenn mancher sich nicht verpflichtet fühlte, das Unwahre zu wiederholen, weil er's einmal gesagt hat, so wären es ganz andere Leute geworden.

Der eigentliche Obskurantismus ist nicht, dass man die Ausbreitung des Wahren Klaren Nützlichen hindert, sondern, dass man das Falsche in Kurs bringt.

& & &

Zum idealen Teile gehört der Kredit, zum realen Besitztum physische Macht usw.

Die Weisheit ist nur in der Wahrheit.

& & &

Jedes gute und schlechte Kunstwerk,
sobald es entstanden ist, gehört zur Natur.

Selbst im Augenblick des höchsten Glücks und der höchsten Not bedürfen wir des Künstlers.

& & &

Das höchste Glück ist das, welches unsere Mängel verbessert und unsere Fehler ausgleicht.

Wenn die Menschen recht schlecht werden, haben sie keinen Anteil mehr als die Schadenfreude.

& & &

Das Närrischste ist, dass jeder glaubt überliefern zu müssen, was man gewusst zu haben glaubt.

Wir gestehen lieber unsre moralischen Irrtümer Fehler und Gebrechen als unsre wissenschaftlichen.

& & &

Das Wahre ist eine Fackel, aber eine ungeheure. Deswegen suchen wir alle nur blinzelnd so daran vorbei zu kommen, in Furcht sogar uns zu verbrennen.

Die Sinne trügen,

nicht das Urteil trügt.

& & &

Alle Gesetze sind Versuche, sich den Absichten der moralischen Weltordnung im Welt- und Lebenslaufe zu nähern.

& & &

Altes Fundament ehrt man, darf aber das Recht nicht aufgeben, irgendwo wieder einmal von vorn zu gründen.

Nur die gegenwärtige Wissenschaft gehört uns an, nicht die vergangene noch die zukünftige.

& & &

Der echte Deutsche bezeichnet sich durch mannigfaltige Bildung und Einheit des Charakters.

Der Deutsche hat Freiheit der Gesinnung und daher merkt er es nicht, wenn es ihm an Geschmacks- und Geistesfreiheit fehlt.

& & &

Die Kirche schwächt alles, was sie anrührt.

Die christliche Religion ist eine intentionierte politische Revolution, die verfehlt nachher moralisch geworden ist.

& & &

In der Gesellschaft sind alle gleich. Es kann keine Gesellschaft anders als auf den Begriff der Gleichheit gegründet sein, keineswegs aber auf den Begriff der Freiheit.

Die Gleichheit will ich in der Gesellschaft finden, die Freiheit, nämlich die sittliche, dass ich mich subordinieren mag, bringe ich mit.

& & &

Nach Pressefreiheit schreit niemand, als wer sie missbrauchen will.

Wo man die Liberalität aber suchen, muss, das ist in den Gesinnungen, und diese sind das lebendige Gemüt.

& & &

Sage nicht, dass du geben willst, sondern gib!

Die Freigebigkeit erwirbt einem jeden Gunst, vorzüglich wenn sie von Demut begleitet wird.

& & &

So wenig nun die Dampfmaschinen zu dämpfen sind, so wenig ist dies auch im Sittlichen möglich.

Was ist das für eine Zeit, wo man die Begrabenen beneiden muss?

& & &

Welche Regierung die beste sei? Diejenige, die uns lehrt, uns selbst zu regieren.

Herrschen lernt sich leicht, Regieren schwer.

& & &

Zensur und Pressefreiheit werden immerfort miteinander kämpfen. Zensur fordert und übt der Mächtige, Pressefreiheit verlangt der Mindere.

Ob eine Nation reif werden könne, ist eine wunderliche Frage. Ich beantworte sie mit Ja, wenn alle Männer als dreißigjährige geboren werden könnten.

& & &

Zu berichtigen verstehen die Deutschen, nicht nachzuhelfen.

Fehler der sogenannten Aufklärung: dass sie Menschen Vielseitigkeit gibt, deren einseitige Lage man nicht ändern kann.

& & &

Ich denke immer, wenn ich einen Druckfehler sehe, es sei etwas Neues erfunden.

& & &

Der Mensch wäre nicht der Vornehmste auf der Erde, wenn er nicht zu vornehm für sie wäre.

& & &

Man kann die Nützlichkeit einer Idee anerkennen und doch nicht recht verstehen, sie vollkommen zu nutzen.

Deswegen sind Bücher willkommen, die uns sowohl das neu empirisch Aufgefundene als die neubeliebten Methoden darlegen.

& & &

Wenn wir das, was wir wissen, nach anderer Methode oder wohl gar in fremder Sprache dargelegt finden, so erhält es einen sonderbaren Reiz der Neuheit und frischen Ansehens.

Was soll denn da aus dem werden, was wir Wissen und Wissenschaft nennen?
In hundert Jahren wird es ganz anders aussehen.

& & &

Wer fremde Sprachen nicht kennt,
weiß nichts von seiner eigenen.

Nicht die Sprache an und für sich ist richtig, tüchtig, zierlich, sondern der Geist ist es, der sich darin verkörpert.

& & &

Auch in Wissenschaften kann man eigentlich nichts wissen, es will immer getan sein.

Wissen: das Bedeutende der Erfahrung, das immer ins Allgemeine hinweist.

& & &

Die Wissenschaften zerstören sich auf doppelte Weise selbst: durch die Breite, in die sie gehen, und durch die Tiefe, in die sie sich versenken.

Alles was man (in Wissenschaften) fordert, ist so ungeheuer, dass man recht gut begreift, dass gar nichts geleistet wird.

& & &

Dilettantismus, ernstlich behandelt, und Wissenschaft, mechanisch betrieben, werden Pedanterei.

Große Leidenschaften sind Krankheiten ohne Hoffnung. Was sie heilen könnte, macht sie erst recht gefährlich.

& & &

Es ist so schwer, etwas von Mustern zu lernen als von der Natur. Vollkommene Künstler haben mehr dem Unterricht als der Natur zu danken.

Nur in der Schule selbst ist die eigentliche Vorschule.

& & &

Es ist viel mehr schon entdeckt, als man glaubt.

Auch einsichtige Menschen bemerken nicht, dass sie dasjenige erklären wollen, was Grunderfahrungen sind, bei denen man sich beruhigen müsste.

& & &

Geheimnisse sind noch keine Wunder.

& & &

In den Wissenschaften ist viel Gewisses, sobald man sich von den Ausnahmen nicht irremachen lässt und die Probleme zu ehren weiß.

& & &

Man sagt, zwischen zwei entgegengesetzten Meinungen liege die Wahrheit mitten inne. Keineswegs!

& & &

Man sieht gleich, wo die zwei notwendigsten Eigenschaften fehlen: Geist und Gewalt.
Es gibt zwei friedliche Gewalten: das Recht und die Schicklichkeit.

& & &

Nach Analogien denken ist nicht zu schelten: Die Analogie hat den Vorteil, dass sie nicht abschließt und eigentlich nichts Letztes will, dagegen die Induktion verderblich ist, die einen vorgesetzten Zweck im Auge trägt und, auf denselben losarbeitend, Falsches und Wahres mit sich fortreißt.

& & &

Steine sind stumme Lehrer, sie machen den Beobachter stumm und das Beste, was man von ihnen lernt, ist nicht mitzuteilen.

Diejenigen, die das einzige grundklare Licht aus farbigen Lichtern zusammensetzen, sind die eigentlichen Obskuranten.

& & &

Wir mögen die Welt kennen lernen, wie wir wollen, sie wird immer eine Tag- und eine Nachtseite behalten.

Wäre es Gott darum zu tun gewesen, dass die Menschen in der Wahrheit leben und handeln sollten, so hätte er seine Einrichtungen anders machen müssen.

& & &

Wissenschaften entfernen sich im Ganzen immer vom Leben und kehren nur durch einen Umweg wieder dahin zurück.

Man tut nicht wohl, sich allzu lange im Abstrakten aufzuhalten. Das Esoterische schadet nur. Leben wird am besten durchs Lebendige belehrt.

& & &

Wer die Natur als göttliches Organ leugnen will, der leugne nur gleich alle Offenbarung.

Was man Idee nennt: Das was immer zur Erscheinung kommt und daher als Gesetz aller Erscheinungen uns entgegentritt.

& & &

Ein historisches Menschengefühl heißt ein dergestalt gebildetes, dass es bei Schätzung gleichzeitiger Verdienste und Verdienstlichkeiten auch die Vergangenheit mit in Anschlag bringt.

& & &

Das Beste, was wir von der Geschichte haben, ist der Enthusiasmus, den sie erregt.

& & &

Gehen wir in die Geschichte zurück, so finden wir überall Persönlichkeiten, mit denen wir uns vertrügen, andere, mit denen wir uns gewiss in Widerstreit befänden.

& & &

Unter allen Völkerschaften haben die Griechen den Traum des Lebens am schönsten geträumt.

& & &

Innerhalb einer Epoche gibt es keinen Standpunkt, eine Epoche zu betrachten.

& & &

Leider bedenkt man nicht, dass man in seiner Muttersprache oft ebenso dichtet, als wenn es eine fremde wäre.

& & &

Auch eine Art Nachwort

Es heißt, Goethe habe immer mehr Feinde als Freunde gehabt.

Heine über Goethe: „Dass ich dem Aristokratenknecht Goethe missfalle, ist natürlich. Sein Tadel ist ehrend, seitdem er alles Schwächliche lobt. Er fürchtet die anwachsenden Titanen. Er ist jetzt ein schwacher abgelebter Gott, den es verdrießt, dass er nichts mehr erschaffen kann."

Grabbe verkündete gar: „Was ist das für ein Gewäsch über den Faust! Alles erbärmlich. Gebt mir jedes Jahr 3000 Taler und ich will euch einen Faust schreiben, dass Ihr die Pestilenz kriegt."

Und Börne: „In seinem „Werther" hat er sich ausgeliebt, abgebrannt, zum Bettler geschrieben."

Und zu August Varnhagen von Enses Idee „Goethe in den misswollenden Zeugnissen der Mitlebenden“ hatte Goethe selbst die, dass:

> . . . es jedem Geschichtsfreunde
> gewiss nicht unangenehm seyn muss,
> auf eine bequeme Weise zu erfahren,
> wie es in unsern Tagen ausgesehen
> und welche Geister darinnen gewaltet.

Aber Goethe hatte auch schon vorgedacht:

> Zwar wär es billig, diesen frechen Vögeln
> Auch tüchtig was am bunten Zeug zu flicken.
> Doch euch, ihr Musenlosen, wird's nicht glücken.
> Drum, Flegel, bleibt zu Haus mit euern Flegeln.

Und zu einem Menzel remenzelte Goethe:

> Verwandte sind sie von Natur,
> Der Frischling und das Ferkel;
> So ist Herr Menzel endlich nur
> Ein potenzierter Merkel.